Este libro está dedicado a mi maestra, la Sra. Johnson.

Copyright © 2022 Jennifer Jones
All copyright laws and rights reserved. Published in the U.S.A.
For more information, email jenniferjonesbooks@gmail.com
Tapa Blanda ISBN: 978-1-63731-756-3
Tapa Dura ISBN: 978-1-63731-757-0

chairsonstrike.com

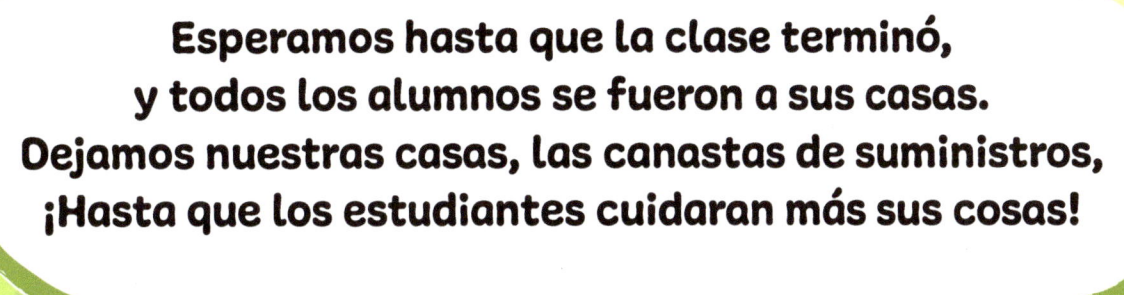

Esperamos hasta que la clase terminó,
y todos los alumnos se fueron a sus casas.
Dejamos nuestras casas, las canastas de suministros,
¡Hasta que los estudiantes cuidaran más sus cosas!

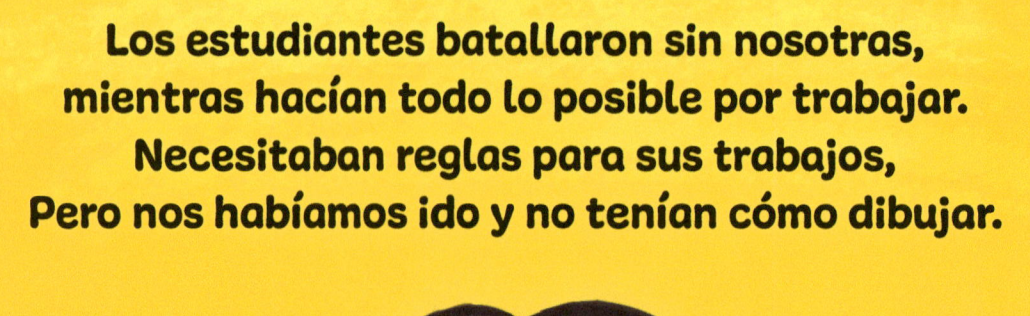

Los estudiantes batallaron sin nosotras,
mientras hacían todo lo posible por trabajar.
Necesitaban reglas para sus trabajos,
Pero nos habíamos ido y no tenían cómo dibujar.

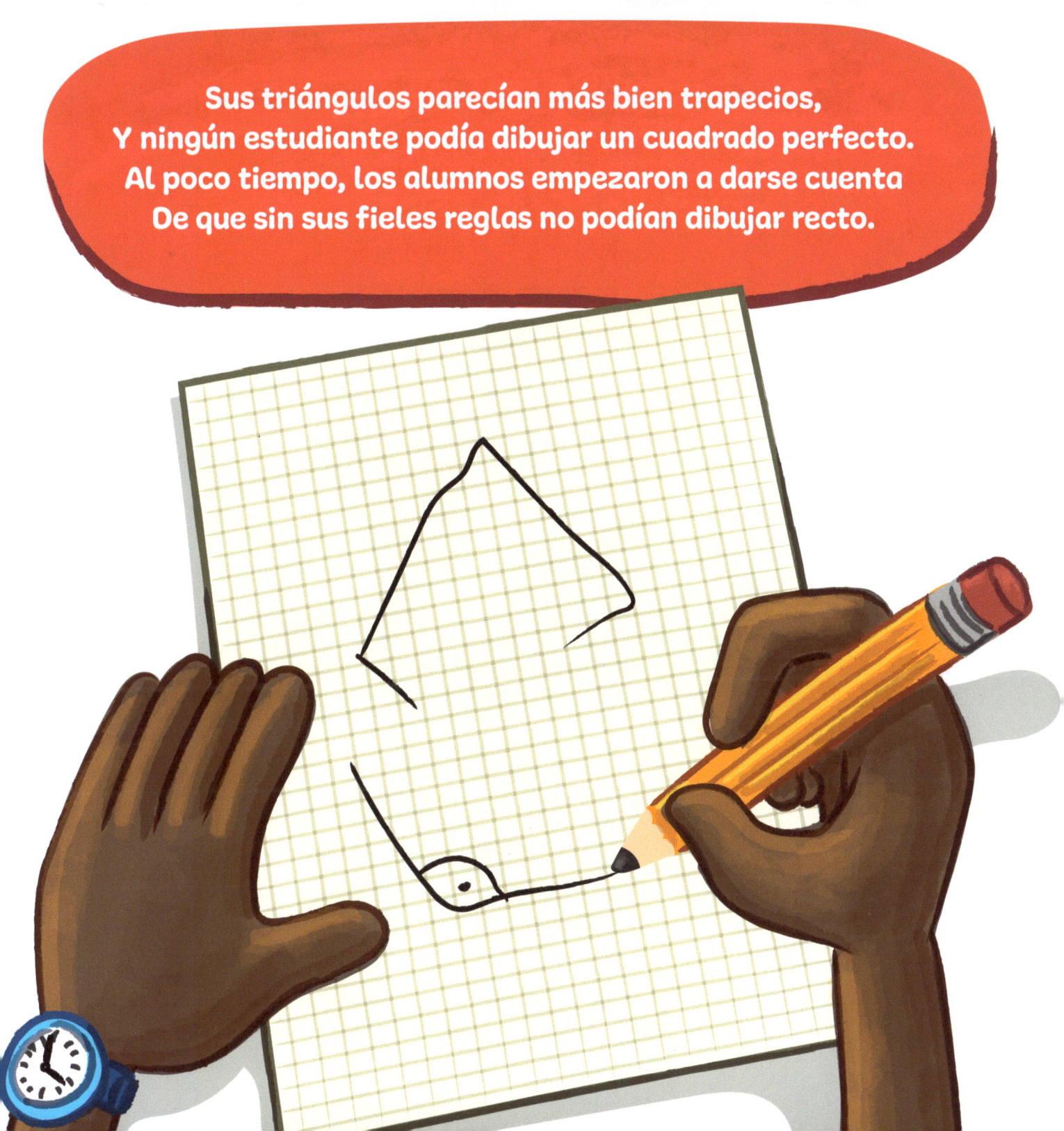

Sus triángulos parecían más bien trapecios,
Y ningún estudiante podía dibujar un cuadrado perfecto.
Al poco tiempo, los alumnos empezaron a darse cuenta
De que sin sus fieles reglas no podían dibujar recto.

"¿Dónde estarán todas las reglas?"
Un alumno levantó la mano y preguntó.
En cuanto lo dijo en voz alta
la preocupación de la clase se incrementó.

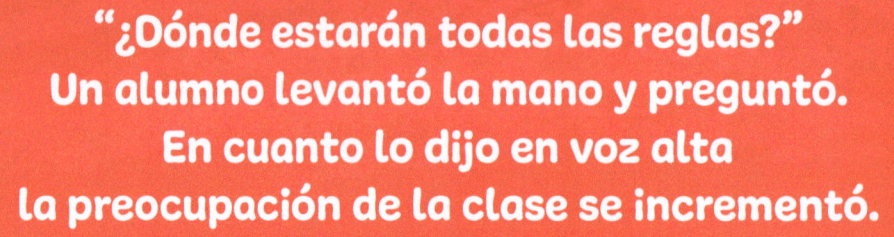

El profesor explicó a los alumnos
Que si la manera en la que nos trataban continuase.
Estábamos dispuestas a abandonarlos
Durante el resto de los días de clase.

Compra ahora en toybookstore.com

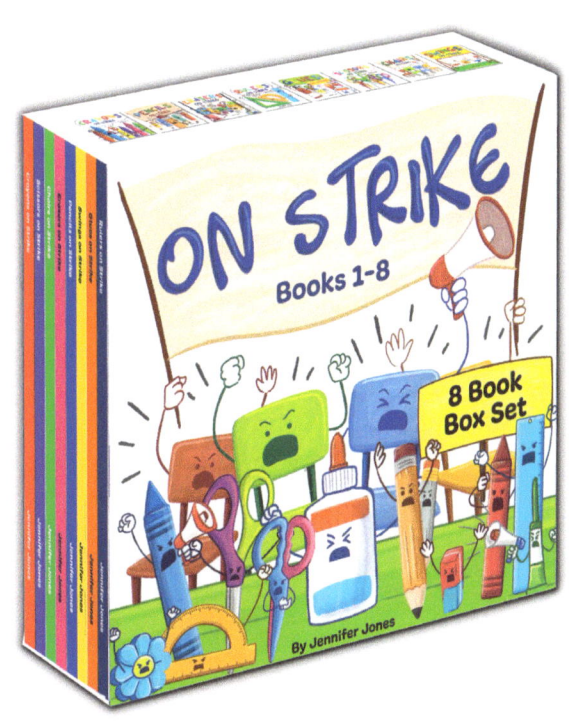

www.ingramcontent.com/pod-product-compliance
Lightning Source LLC
Chambersburg PA
CBHW041528070526
44585CB00003B/119